Pilar Abuja

Informe para derrocar al lobo feroz

sabina
editorial

Informe para derrocar
al lobo feroz

*Para mi padre Ángel Abuja, para mis gemelas
María y Manoli y para Alfredo, Gonzalo y Alba,
por su infinito amor incondicional.*

La palabra despecho *no me deja decir*
la palabra víctima.
Bibiana Collado Cabrera, *Violencia*

El viento y la lluvia me borraron
como a un fuego, como a un poema
escrito en un muro.
Alejandra Pizarnik, *Los trabajos y las noches*

REBELIÓN.
Alteremos el orden ahora que ya lo conocemos.
Ya lo disfrutamos
suficiente tiempo.
Gioconda Belli, *Mi íntima multitud*

Juguemos al ayer –
Yo – la Niña en la Escuela –
Tú – y la Eternidad – el Cuento no contado –
Emily Dickinson, *Ese día sobrecogedor*

Y ahora estamos aquí

unidas. Hermanas.

Y nuestras voces de pie.

No podrás nada contra nosotras, lobo.

Ni contra mí.

Aunque esta sea mi historia.

LOS INDICIOS

1975-1986

1. En sus rodillas

– Juntaos más, que así no cabemos.
Venga…
Unos encima de los otros, vamos…

Los más altos al final detrás de todos
otra fila sentados de los mayores también
y nosotros de pie y delante, por pequeños
es que así no nos tapan…
Familia completa.

Me ha sentado en sus rodillas
directo, rápido, sujeta mis hombros.
Fuerte, recio.

Me revuelvo e intento levantarme
bajar con mis primas,

quedarme delante por pequeña

donde mis pies no toquen aire

con mi hermana, mi hermano

o detrás donde mi madre

o con mi padre.

Pero me sujeta y

nadie mira y nadie ve.

Invisible.

Silencio.

2. La foto

– ¡Qué arisca esta niña! – ríen.

Entramado de manos, brazos y cuerpos
unidos, juntos. O no.
Solo está ÉL
y en la mezcla de olores
solo su olor destaca, intenso. Grande.
Inmenso. Invasor.

Me debato.
Nada.
Y su aliento es sólido, denso
jadea, su morro en mi nuca,
eterno el tiempo paralizado
y eterno también el tiempo de esta fotografía.

– Estate quieta, es solo un momento,

para la foto – ladra.

– Que no quiero – pretendo levantarme.

Nadie ve. Nadie sabe.

    No hay momentos,

lo oigo.

No hay instantes.

Cada vez que miro la fotografía

lo siento, eterno

su hocico en mi nuca y

aún me sujeta muchos años después.

En secreto.

Y jadea.

3. Navidad. Muñeca, pijama rojo

Hoy no salimos.
Navidad de casa y de regalos
y sol frío de invierno,
nubes de turrón… y juguetes.

Deshago un paquete: mi pijama rojo.
Deshago otro paquete y está ella: es mi muñeca
llena de curvas y melena larga
morena, alta, delgada y esbelta
pero sin sexo bajo el vestido brillante
de princesa feliz.
Como yo.

– Pruébatelo – dice mi tío.

Sonrisas de familia unida. Salgo
hacia la habitación, a oscuras.

Papá Noel no ha visto
cuánto he crecido al cumplir diez años:
mi pijama rojo se ajusta a mi silueta
infantil de patilarga y planisferia
desgarbada. O quizás no.
Quizá las líneas no son tan rectas
como yo pensaba. Quizás ya hay curvas.
Y se marcan.

4. El lobo

Vuelvo y tropiezo con ÉL en el pasillo
su mano se apoya como sin querer en mi cintura
al pasar y
accidentalmente sus cien dedos
llegan hasta mi nopechoaún,
a oscuras. Sin ruido. Silencio.
Invisible.

Y se me cae la muñeca
y se golpea indefensa contra el suelo feroz
yo corro en el bosque de puertas solitarias.

Miedo. Alcanzo el salón
con mi pijama rojo, tan nuevo.
Sus miradas sobre mí.
No ven.
No saben.

Solo yo siento sus ojos
tan grandes y enormes,
que son para verme mejor.

– Vaya, no te está crecedero,
ya te lo puedes poner,
que en unos meses no te sirve,
está desarrollando esta niña…

5. Feroz

Sus ojos quietos me queman.
Fríos.

Y la muñeca me mira
también,
desde el suelo en el pasillo
morena y sin luz. Pero
si voy a cogerla
pasaré otra vez ante ÉL.

ÉL en mayúsculas.

Miedo.

– Muñeca sin sexo, ahí te quedas,
te dejo a merced de Lobo Feroz.

Y nadie lo sabe.

Solo yo.

Solo yo

así,

también.

Indefensa

y

minúscula…

6. Cuentos de colores

La estantería llena
con libros de colores aún,
aún somos niñas.
Cuentos para princesas alegres
cuentos de antes de dormir dulce y profundo.

Y ÉL llega, como cada noche.
Y siento sus pasos por dentro, raros
me mira: peligro.

Disfrazado de padre, viste un polo blanco
de lacoste, pelo largo por detrás, intachable.
Pero qué manos tan grandes
para tocarme mejor,
y el cuarto se hace bosque
espeso y oscuro.

Y en el bosque oscuro y espeso:

– Dormid, niñas – dice

y aprovecha.

7. Mi pijama rojo

Aprovecha que mi prima sale
al baño, a la cocina
y lentamente, avanza
ÉL, grande y robusto
Y yo pequeña
y
retrocedo.

Mi pijama rojo nuevo como un chándal
se ajusta a mi nopecho, casi plano.

Su pezuña baja
va desde mi hombro al cuello,
y baja más,
y lento se recrea
en mi casi nopecho aún.

Despacio.

Muy

despacio.

8. Me marcho

Soy
pequeña,
aunque ya llego al armario
de la cocina
y a lavarme las manos sin banqueta
y a los vasos de agua.

Y me alejo de mí sin moverme.
Y no me puede seguir.
Yo me marcho lejos del bosque
y tú
ahí
te quedas.

9. Mi cuerpo ajeno

La garra regordeta, dedos cortos
en círculo, tocaba el sitio
el sitio donde iba a estar mi pecho algún mañana
y respiraba más y más rápido.

Aún oigo su aliento
sus gemidos susurrados.
Y mi cuerpo vacío lo huele:
está ahí fuera.

Depredador, se alimenta de mí.

Y por fin vuelve
vuelve mi prima.

El animal disimula, reorganiza almohadas
con su pezuña regordeta y venenosa

de cien dedos. Y, claro,

sus orejas son tan grandes para oírla llegar.

Yo estoy muy lejos de mí

entre sus garras, sorda.

– A dormir ya, niñas

y su hija lo mira y le sonríe.

10. Regreso

Ya no lo oigo resollar,
y vuelvo contando libros y colores.

Culpable.
Culpable porque desconozco las serpientes
que anulan paraísos felices de luz
y que inoculan dudas letales a las niñas.

Culpable. Por qué a mí ¿por qué?
si no tengo hada madrina, ni niñez cenicienta
si no he comido la manzana prevista;
aunque sí he llevado comida a mi abuelita
al final de este pasillo farsante
disfrazado de bosque sin caminos abiertos
para mí, creo.
Y
por qué me siento oscura y asustada.

Desterrada de los cuentos de niñas decentes
e invadida de ponzoña animal.

Y ya me aferro a mi prima,
que me devuelve el abrazo
sorprendida,
y así regreso a mi cuerpo vacío
y al cuento de colores,
decoroso y recatado
que ÉL sisea y ha empezado a leer.

Despiadado.

11. Una sola puerta. Otra tarde familiar

Una mesa camilla al fondo
con la tele encendida y dos sillones
y ÉL ahí, solo. Mirando.

Otra mesa, baja, rodeada
hermanas y primas en el suelo
hermanos, primos, y la abuelita,
los padres y las madres, tías, tíos
sillas, sofás y en las alfombras
los juegos tan iguales que equivoco los días
las fiestas, los años, navidades y puentes
los veranos, mientras vamos creciendo.
La oca
el parchís, el monopoly
y las meriendas, las voces alegres,
risas, la familia, las cenas y

una sola puerta de salida frente a la tele
y frente a ÉL, que nunca juega.

Que no escucha, ni habla
ÉL, que mira fijamente y concentrado
pelis porno en una tele sin sonido
y sin reproches, y es la tarde familiar.

Y sucede y sucede y por eso
no quiero caminar hasta la única puerta
aguanto sed y hambre y lo que sea.
Y espero a que se marche.

12. Y dudo

Tantos años sin saber descifrar
que los he negado.

He negado sus gestos repetidos
sus roces no casuales continuados
en salmodia inconcebible para mí.

Porque fui creciendo con el terror íntimo
de esos detalles cifrados con código de adulto,
y como única clave el miedo en las entrañas
atávico, ancestral: calcinada inocencia.

Porque sé, y no quiero saber, que solo
si yo cruzo,
si yo paso hacia la puerta
entonces

aparta la vista de la tele y
me escanea, de arriba a abajo
y de abajo a arriba;
pero mi miedo lo vigila.

Me observa.
Y me observa.

Clandestino.

13. Me niego a mí

Soy niña adolescente, ignorante
e insegura
y desconfío de mí.

Sola.

Es increíble, si mi tío era otro padre
para mi hermana,
para mi hermano
y
para mí.

Me hago atea de mí misma.
Estoy
sola.

Y el monstruo no se mueve, así que salgo

salgo por la única puerta posible

mientras siento que sus ojos

me abrasan de lascivia las caderas,

mientras cierro con mil llaves

cada día interminable y cada noche

en que me he negado a ver, intuir y sentir.

¡Qué brazos tan largos tiene

para agarrarme mejor!

No quiero cruzarme en su camino.

ÉL sabe mucho de bosques solitarios

sin árboles.

Y yo.

Y yo no.

14. Fiestas

Verano de vacaciones y fiestas
cenas, barbacoas y comidas, mariscadas
año tras año y año y año.

Invierno y más fiestas y más años.

Y madres y padres
que aplauden
y beben y comen y ríen y bailan.

Y el traidor protagonista.
Dirige y controla.

Le encanta: es el centro.

A menudo canta canciones de amor
italianas, tiernas, dulces. Me mira.

Con la guitarra entre sus zarpas grandes y
con su boca grande. Disimula
disfrazado con ropa de marca y tenorio.
Subyugando con su voz sibilina y tenaz.

Y me mira.

A mí.

15. Y más fiestas

Y es que en la fiesta de hoy
después de embelesarnos con su canto
ha sacado un estuche ostentoso,
regalo de oro y joyas, cómo no.

Y cuando es el centro
cuando el mundo entero mira y atiende
repta hasta su mujer omitida y ciega.

– Para ti, cariño – y la abraza
pero me mira a mí,
sola
entre el mundo.

Tanta ceguera.

También son mi mundo

pero no entienden

y no ven

nada.

El Lobo.

16. Y la música

– Toma esta cinta para escuchar en el coche – dice.
Y mi madre y mi padre oyen y no escuchan,
yo callo.

Aislada.
Perseguida.

– Te grabo cintas y se las doy.
Te las pondrán en el coche, en casa.
Tendrás que pensar en mí, nuestro secreto –
me aúlla a mí
sola.
Se ríe, aúlla bajito.
Familia sorda.

Omnipresente con su música implacable
y yo viajo, como, estudio, duermo y vivo

con su banda sonora, sus canciones de amor

para mí

sola.

Música y miedo.

A escondidas.

Y así se erige en amo y señor.

En dueño de la música que yo no quiero creer

ni escuchar.

Disfrazado. Amable.

Versiones. Hechos.

17. Valiente

Verano y sol y mar, y el ogro arriba
sin bajar a la playa, solo.

– Hija, vete a por la bota de vino
y a por unas aceitunas a casa – mi padre,
o mi madre.

– No puedo – contestaba.

– Eres la mayor y vas a ir ahora mismo
porque yo te lo digo – sin remedio, mi padre
o mi madre.

– Ya voy – y el traidor que está esperando
agazapado
a que yo llegue sola.

Y yo muerta de miedo,

ya sé: no me hace nada, pero sí,

me lo hace todo y yo no sé explicarlo.

– Y si quizás hoy no – me digo.

Y me subo, directa hacia la trampa.

Tengo que traerles aceitunas y vino

y cruzar la puerta de la casa insegura.

– Sé que va a estar, sí

ya sé que va a estar,

ojalá no – pienso y callo.

– Ya voy.

18. Aliento sin límites

Esperándome. Con su exceso
de amabilidad, y de roces encubiertos
discretos, esos besos alargados
esas pezuñas que están en todas partes
y que nadie nota, un día y otro.

Todas las puertas se abren
hacia su arboleda invisible.

Emboscada.

Abre y se ríe. Calibra mi temblor
y su hocico se acerca enfermizo y malsano.
Nunca adivino los límites de su aliento
al acecho una vez más.

Otra encerrona.

Su olor.

Paralizada.

19. En la playa: veneno

Lleva una revista en la mano
y se detiene a mi lado en la playa
no sé en qué momento se han ido
al agua y a jugar las demás niñas y niños
y la familia entera y
los amigos, las amigas.

Tengo miedo. Miedo a otro
de esos detalles pequeños
que me aterran, siento el peligro
en su mirada, esa ironía, esa sorna
suya, esa actitud lenta y calculada.
Anamnesis.
Poderoso. Bestial.

Y esa forma de acercarse
repta hacia mí seguro y fuerte

para verme mejor, una alimaña
me cerca y yo me encojo.
Acoso persistente, cacería lenta
incesante, incestuoso. Soy la presa.

Me acecha despacio
me va a inmovilizar y lo sé.
Veneno y morbo.

– Mira. Sé perfectamente
cuál de estas fotos es de unos pechos
como los tuyos – ruge, y se acerca.

20. Y morbo

Intento que no se note
mi miedo cerval, antiguo,
a sus aullidos, a ÉL
y nadie a la vista. Sola.

Su mujer, mi madre, mi padre
mi abuela
lejos
en la orilla.

La revista. Hay un montón de fotos,
muchas.
Son torsos de mujer sin cara, solo pechos
recortadas en color, rectangulares
son todas diferentes.
Y señala solo a una. Miro.
Horror. Rabia.

Vuelve a la sombrilla y se ríe

irónico, satisfecho

su dedo implacable acaricia,

y acaricia la foto.

Sangre fría.

Acierta. Plenamente. No sé cómo lo sabe.

Es mi pecho exacto el de la foto.

Ataque directo: desnudada.

LA EVIDENCIA

1987

21. Navidad trampa

Tantos años de roces tan medidos
de restregones ocultos,
lentos,
inexorables
me han enseñado a estar en guardia.

Pero es Navidad.
Por la tarde.
Y sin darme cuenta
me he quedado la última en el baño
y hay mucha gente, y
nos vamos de visita en familia.
Familia y Navidad.

Y es que para ir más rápido
ÉL ha dejado entrar en su baño
a las demás y… no puede ser.

Cuando salgo ya no hay ruido
la casa envuelta en un silencio sordo.
Se han marchado ya.
Yo estoy sola. Casi sola.

Contengo el aliento
y apago los pasos, a oscuras
recorro el bosque de perfidia sin árboles
sin pájaros, sin sol y sin senderos de luz.

Y lo oigo.
Respira, gruñe y jadea entrecortado.
O no. No.
Transpiro.

Camino recelosa, precavida
y ahí está. Tiene mi abrigo
y su figura tapa la puerta.

Se relame.

Sinsalida.

Terror.

22. Asalto

Ya soy tan alta como él,
ya he crecido pero
lo sigo viendo inmenso.
Gigante. Esos brazos enormes
para atraparme mejor.

Su voz resuena
en todo el edificio, en el universo entero:
– He esperado muchos años,
hasta que has cumplido veintiuno.
Por fin eres mayor – y se me acerca.

Y se me acerca lentamente.

Pánico. Todo es verdad
y nada es sin querer

desde el principio.

Ingenua.

Me empuja al sillón
caigo y se pega a mí
sus pezuñas de mil dedos
me recorren imparables.

23. Certeza

No hay nadie aunque grites – aúlla –
llevo esperando desde que eras bebé.

– Estás sola. No puedes escapar.
Di en tu casa que quieres
estudiar aquí, cerca.
Te lo daré todo.
Eres perfecta. Preciosa, desde niña.
Y vas a caer. No te creerán nunca.
No puedes resistirte – su gesto
lascivo, obsceno.

Me atraviesa.
Licántropo.

Todo es verdad.

Nada es sin querer desde siempre.

Horror y certeza.

24. Vacía

Y yo lo creí otro padre.
No puedo y me marcho.
Callo. Me concentro en el techo
que se clava en mi memoria.

No sé qué hace
con lo que queda de mí
entre sus millones de garras incestuosas.

ÉL es el dragón perverso y cruel
y yo la princesa aún sin rescatar
no hay nadie en el cuento y estoy a su lado
callada y vacía, y su aliento de fuego
arrasa el alma que me queda.

– ¿Ves? Vas a estar bien conmigo.
No puedes evitarme: me quieres

y te gusto – me ladra, se relame y sonríe.
Y yo lo oigo lejos, desde mi torre,
su aliento lobuno, su gemido abrasador.

Su hocico se acerca y lame
lo que queda de mí entre sus zarpas.
No siento nada, no estoy, el techo
los adornos, el sillón y los cuadros.

Invisible y lejana, ignorada por todos
en el reino de convenciones sociales
del horror consentido e ignorado.

En el bosque de un cuento
que no se puede nombrar.

Condenada y culpable.

25. Asedio de día

Cada segundo del día y
de todos los días me persigue,
me abarca, me rompe, me devora
desmenuzando despojos con fruición.

Nadie oye sus aullidos roncos y voraces.

Encuentra el momento cuando no lo ven.
Nadie lo escucha.
Nadie.

– Esa forma de comer tuya
es ansiedad reprimida – disimula,
se regodea en la mesa.

– Esa forma de morder los bolis
es falta de cariño,

ya sé yo que eres distinta

y que estás sola, siempre,

ni tus padres, ni nadie – me alecciona.

– No te resistas, a ti por el cariño

se te consigue, ya caerás, yo

nunca estuve enamorado de mi mujer

solo de ti, sé que sí quieres… – me instruye.

Otra navidad de tantas en su casa.

No puedo huir.

26. Asedio de noche

De noche cerca mi cama:

– No estás dormida – mientras siento sus pasos.

A mi lado sus hijas y mi hermana duermen.

Descansan. El silencio.

Muchas noches. Y mi padre y mi madre

y mi abuela y mi tía y mi hermano

en sus camas seguras y ciertas.

Y yo sí sé, y mi familia no sabe.

Del ataque premeditado de sus millones de zarpas

cada noche, a escondidas. Arrecia.

Miedo,

se insinúa sin que nadie lo vea,

solo

yo

veo.

Sé.

De noche ÉL cerca la casa entera.

Asedio.

Vuelvo tarde para no encontrarlo

al llegar. Da lo mismo. No llego al dormitorio

a dormir con sus hijas.

El monstruo levantado me espera, impaciente.

No tengo escapatoria. Es insaciable y yo

voy a ser devorada por su boca grande

para comerme mejor.

Ahora es más. Más agresivo y

más violento y más belicoso y

más cruel

y más desalmado.

Es más.

Yo soy más miedo, más espanto
soy pánico. Más.
Yo soy dolor.

Y más noches son todas las noches.
Más.

27. Y más

Y si vuelvo con ellas, inseparable
para que no se me acerque,
no sirve.

Rastrea, merodea, espera y me observa.
Sé que si me quedo sola en un recodo del nobosque
me atrapará mientras la familia duerme.

De caza, ronda mi cama y yo intuyo sus pasos:
– No estás dormida, lo sé por tu respiración
aunque disimules – saliva y se relame.

Desde mi almohada sitiada
lo oigo jadear enardecido,
la noarboleda resuena, inmensifica
y yo callo.

No hablo, no me muevo y no respiro.

Contengo el aliento, el infierno, el corazón.

Y a mi lado sus hijas y mi hermana sueñan.

28. Y sin aliento. Más

Y la noche infinita, insomne
hora y hora y hora y hora.

– Necesito ir al baño – pienso –
mejor no,
aguanto, hasta que sin ruido y sin luz
camino descalza. Pero está despierto.
Despiadado.
Vigila.
Me para.
Me captura y al salón.

Secuestrada. Caníbal e infame, ronronea.
Soy especial desde niña para ÉL. Y
contesto preguntas y preguntas y
prometo mutismo y silencio y

con papá y mamá silencio,

y con mi hermana silencio

y mi hermano y con sus hijas,

con estudios, con el mundo, silencio

y con la vida, conmigo misma silencio

con mis amigas y con. Con…

Hasta que me deja marchar

marcada por sus millones de garras repugnantes.

Ya no importa. No puedo sentir más.

Porque no hay cazadores valientes ni bosque,

ni final de cuento, ni a las niñas de cuento

las tratan así, que se sepa y se cuente.

O es que no es un cuento,

de érase una vez:

es una guerra abierta.

Guerra.

Abierta.

Y yo sin armas: silencio y llanto.

29. Secreto y sucio

Mañana fin de vacaciones, mañana
por fin me marcho de su casa, de aquí.

Hoy.
Hoy he llegado la última, al amanecer
pero da lo mismo: me está esperando.
Toda la familia dormida. Obsceno. Verraco.

Me sujeta en el sillón, así que me voy y
solo su olor me persigue más allá de mí.
No hablo, no grito, muda.
No estoy y no soy.

Este secreto terrible,
y mi dolor con nombre de animal.

Siglos de asedios.

Y de pronto en camisón y encorvada
con su redecilla en el pelo nos ve:
ve que me tiene atrapada y llorosa
entre sus patas repulsivas e inmorales.

Y pensé: por fin, ayuda.
Diana, cazadora, clara y fuerte
está aquí.

Reconocido y descubierto.

30. Arena. Lija. Piedras

En el umbral, su voz sonó de arena y lija;
piedras.
Entresueños y pastillas.
Asombro, tristeza o un no sé o un no quiero.
O no.

– Ay, por Dios, pero qué hacéis ahí,
ahí, los dos,
¿pero no os da vergüenza?
Ay, Dios mío – su voz de duermevela.

31. El instante

El bruto se apartó.

Y me dejó en paz. Un instante.

Pillado – pensé – qué alivio.

E intenté correr hasta mi cama.

Pero no era Artemisa. Ni Diana.

Era solo una mujer.

Como yo.

Con un mundo en azul sobre los hombros.

Sola.

32. En la tripa del lobo

Ella habló camino del baño, desde el umbral
de la puerta.
Y se marchó
con paso lento, arrastrando sus pies y mi alma.
Ella sin alma ya, arrasada de quién sabe qué imágenes
de sal y de llantos, de qué persecuciones
de palabras sin voz, y de qué siglos.

Así que me alcanzó raudo
y vicioso. Desenfrenado.

Nunca sabré si a partir de ese día
lo supo para siempre
y calló, sometida
a enseñanzas ancestrales. Leal a la familia.
Hestia.

No sé si no entendió. Un mal sueño.

Real.

Pero la perdí para siempre.

Sin preguntas. Sin respuestas.

Ella también en la tripa del lobo.

Y sin voz.

Sola. Silencio.

33. El hombre feroz

Y convivió por siempre con ÉL.
En la misma casa. En el abismo.
El Averno.

Estirpe de mujeres solas.
Aparentes. Perfectas. Aisladas.

Asustadas y engullidas.
O con el aliento de lobo del hombre feroz
en la nuca.

Descendientes de diosas.
Culpables de nada.
Olvidadas. Suprimidas. Silenciadas.

Mujeres.

De rodillas.

PÉRDIDA, DESARRAIGO
E INVOCACIONES
1988-1990

34. Señor del bosque

Cómo explicaros ahora y de golpe
dónde tiene sus raíces el incesto silenciado
cuántas letras la palabra secreto, y
la repugnancia feroz impenitente,
o sus millones de tentáculos buscándome,
y ese miedo profundo y vasto, infernal
latiendo en mis oídos sin fin.

Hay algunos porqués candentes
y afilados, interrogadle a él, pues aún vive
a pesar de mi odio concentrado;
quizás os cuente mi derrota callada
quizás os hablen sus pezuñas regordetas
(son muy sucias) y
sabréis cuántas somos sin denuncia
desde los tiempos remotos de los cuentos,

sabréis de cuántas criaturas pequeñas

se alimenta el lobo imponente,

el amo,

el señor.

Porque domina intrincados senderos y caminos

por su edad, su tradición y su prestigio.

Y

porque el bosque a su paso enmudece.

35. Pérdidas

Lo que me desgarró fue el silencio.
Cerrado. Espeso. Helado. Infinito
como mi daño. Así que me marché, y huí.

Perdí varias niñeces y raíces cercanas
y la parte más tierna de mí misma.

Y me dejó ese sabor a insomnio
y miedo, y asco.

El lobo feroz soplando y la destrucción.

Sola. Sin casa. Derribada. Rota.

Con los pies en el aire, y sin punto de apoyo
no puedo mover la vida que pesa y lastima
ni encontrar mi alma, profanada y sin luz.

Sola. Así soy nada, tan solo yo y así soy nadie.

Insegura y llorosa

indefensa, vacía, devorada y deshecha

y huérfana de siglos, herencia sin voz

Eva sola y desnuda y culpable

y la serpiente sin culpa. ÉL.

ÉL.

ÉL es un dios tan voraz y cruel

que no me ha permitido siquiera

crecer creyendo en paraísos.

36. Desarraigo

Que nadie me busque
y que nadie me encuentre. No estoy
ni soy,
no.

No,
hasta que ÉL se muera
y yo, por fin
pise su tumba y la profane
y le deje a la intemperie:
su ronroneo cruel, traidor, desesperante.
Su hocico baboso, insoslayable
y sus zarpas inmundas, malolientes.

Hasta que él sea solo un cadáver lujurioso
muerto, muerto, muerto y más que muerto.

Cuando deje de existir.

Abandonado por el universo

y muy, muy solo.

Como yo. Ahora.

Porque nunca hay pruebas.

No hay cazador que me saque

de su vientre negro. Su disfraz

es perfecto. No me creen.

O quizás sí me creen

y callan.

Dios está ausente y no hay piedad

y ni siquiera me ven, porque ya ni soy.

37. No me queda corazón

Solo existe un precipicio abierto
infranqueable y absoluto
de congoja y desconsuelo.

Porque habito en la cima del dolor
transida de llanto y de traiciones.

Mientras tanto ÉL sigue
ahí,
trabaja, come, duerme
todo sin conciencia,
y mi silencio y el de
quienes lo veis y calláis.

Y calláis.

Yo, que he perdido el mundo:

amigas y amigos,

voz, casa, familia,

y corazón.

38. El silencio aparente

No me busques,
criatura sin fe en mi palabra veraz,
criatura,
no me busques,
no.

Qué fuertes tus ojos negando mis verdades
y no y no y no y no y no y no.

Construyendo mundos perfectos
de raíces podridas.
Tantos años de gritos silenciados.
Y ya es la hora.

39. No se lo digas

Son voces.

Sus ecos llegan hasta aquí.

Voces tibias, voces indiferentes, voces ambiguas

que elevan la incomprensión al infinito.

Desde hace miles de milenios.

– Pero algo habrás hecho tú.

– ¿Estás segura? Es imposible. No será para tanto.

Exageras. La familia es lo primero,

tienes que estar por encima de estas cosas.

– No puedes contarlo. Destrozarías todo.

Por tu culpa rompería con su mujer,

con tus primas,

y tu abuela vive en su casa…

– Tienes que seguir viéndolo. Ni lo mires.

No hace falta romper con él.

Ni con su familia, no tienen culpa.

40. Las respuestas que no pueden entender

– Sí, algo he hecho.

Sí. He nacido mujer.

Y antes bebé, y antes niña.

Y me crecieron las curvas y he creído en los cuentos
rosas, de princesa feliz que me contaron.

Desconocía la perversidad fácil, gratuita
que nace en los nidos pequeños y familiares.
No sabía de la deslealtad pérfida, insondable.

– Como ya no siento nada y estoy tan lejos de mí
qué más dan tus preguntas. Si ni yo creo ya
en lo que he sentido.
Ya no siento mi cuerpo, ni mi espíritu desgajado
y rechazo mis curvas y rechazo mi nombre
porque ya no está a salvo en vuestras bocas de hiel.

– Dime, criatura prejuiciosa del nobosque dañino,

cuál de estos trozos me corresponde,

cuál es mi familia de entre estos pedazos.

Y por qué tus frases se me clavan.

Y me desgarran.

Pierdo pie.

– Menos mal que soy transparente

casi invisible, sin autoestima ni ego

menos mal que puedo desaparecer.

Y si me hablan de ÉL o su manada

ya sé alejarme y ausentarme de mí

para que no me hagan sangre.

No soporto su nombre.

No lo pronunciéis.

41. Ambigüedad

Ahora voy a arrancarte los gestos impostados
las palabras ambiguas
y preguntarte por qué.

¿Por qué elegiste
apariencia y silencio
aun sabiendo el profundo dolor que me marcaba?
¿Por qué?
¿Por qué niegas y callas todavía?
¿Por qué?
¿Por qué miras
        y visitas
            y halagas
al abusador feroz cínico sucio familiar y cerdo
obsceno
que deshizo mi luz tan indefensa
tan de niña de llantos hacia dentro

y adolescente rebelde a quemarropa?

Y tantos años…

¿Por qué…?

Disimular, callar, nopasanada, exageras…

¿Por qué los abusos saben siempre a sal
miedo y derrota?

No importa qué mundos has querido construir
porque no existen.

Y mi verdad está aquí.

Mírame ahora.

EPÍLOGO

2018-2023

42. Por mí y por todas mis compañeras

Hacemos Historia.

– Te cubro. Te cubro la espalda.
Y el flanco. Tú de frente.
Apóyate, hermana, apóyate en mí.

– Toma. Esta es mi mano
soy muy fuerte, y es que llevo siglos,
muchos siglos batallando con fieras y culpas.
Peleando como tú, anónima y constante.

Porque todas las hadas del bosque
y las brujas amigas que no ardieron
estamos aquí. Unidas. Hermanas.

Lobo. Reconocido y descubierto.
Estalla tu mito centenario y falaz.
Vencemos.

Y las generaciones que llegan nos encontrarán de pie.

Sin ayuda ninguna del dios cazador
del que nos hablan los cuentos infantiles.
Vencer es en voz alta, cantando y gritando.

Con esta rebeldía honda, esta fuerza
inagotable
de ser la fuente, de ser origen, de ser raíz
de ser mujer, de ser nosotras.

Nosotras, hacedoras de vida, de lluvia y de sol,
desde nuestros cuerpos indomables de curvas y ondas
con sabor a manzana y a infinito.

Algunos hombres buenos que son hijos
y padres y hermanos y amantes y amigos
leales, de abrazo entrañable y gesto firme.

El lobo ya sin cómplices
Sin manada.

Hacemos Historia.
Estamos aquí. Luchando.

Porque hemos derrocado al lobo feroz.

Índice

Primera edición: enero 2024. ISBN: 978-84-124122-9-1. Depósito legal: M-1183-2024. IBIC/THEMA: DCF.

Diseño de cubierta e interiores: Exilio Gráfico.
Impresión: Estugraf.

Colección MÍNIMA

Este libro se imprimió
en Madrid durante
el invierno de 2024